AF216049

Siegfried Fock

VON SCHÜTZEN
FÜR SCHÜTZEN

PISTOLE UND REVOLVER SCHIESSEN

Der Einstieg in das Großkaliberschießen

Für Neueinsteiger und zur Wiederholung

Kompakt zum Selbstlernen und zur Ausbildung

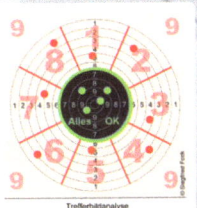

Umschlagbild:

Ausrüstung und Sportpistole im Kaliber .45 Auto für das sportliche Pistolenschießen auf 25 Meter Entfernung.

Ihr seid klasse:

Bedanken möchte ich mich bei Jörn, Bastian, Robert, Michael, Martin und Helge für die umfassende Geduld und Unterstützung, meine Fragen und Tests mit Know How und Tatkraft zu ertragen.

Pistole und Revolver schießen - S. Fock

Inhaltsverzeichnis   Seite

Pistole und Revolver schießen - S. Fock

Bibliografische Information der Deutschen Nationalbibliothek

Die Deutsche Nationalbibliothek verzeichnet diese Publikation in der Deutschen Nationalbibliografie; detaillierte bibliografische Daten sind im Internet über http://dnb.dnb.de abrufbar.

Impressum

ISBN 9783750434486

Autor: Siegfried Fock

Herstellung und Verlag: BoD – Books on Demand, Norderstedt

Fotos und Grafiken: Siegfried Fock

© 2020 Siegfried Fock. Alle Rechte vorbehalten

Vervielfältigung nur mit schriftlicher Genehmigung des Autors. Die in diesem Werk enthaltenen Angaben, Daten, Ergebnisse usw. wurden nach bestem Wissen erstellt und mit großer Sorgfalt überprüft. Es gibt keinen Anspruch auf Vollständigkeit und Fehlerfreiheit, es wird keine Haftung bezüglich der bereitgestellten Informationen übernommen.

Pistole und Revolver schießen - S. Fock

1. Darum geht es...

Vielen Dank, dass Sie sich für dieses Buch interessieren. Bevor es los geht, möchte ich einige Anmerkungen über meine Motivation und das Ziel dieses Trainingsbuchs anführen. Meine Verbindung zum Schießen begann, wie bei dem einen oder anderen, mit der Dienstzeit bei der Bundeswehr als Wehrpflichtiger, mit der Verwendung im Bereich der Waffenkammer. Ich hatte die Möglichkeit, mich umfassend mit den unterschiedlichen Waffenarten auseinander zu setzen und diese kennenzulernen. Heute bin ich aktiv als Großkaliber-Sportschütze im Schützenverein Kiel und einer der Sportleiter, insbesondere tätig in der Betreuung und Ausbildung von Neu- bzw. Gastschützen.

Aus dieser Motivation heraus konnte ich feststellen, dass praktisch immer die gleichen Fragen bei Neueinsteigern auftauchen, sich aber auch gestandene Schützen mit dieser Thematik laufend beschäftigen. Eine gute Gelegenheit, das Thema kompakt und praxisgerecht aufzubereiten und leicht verständlich auf einigen Seiten zugänglich zu machen.

Trainingsergebnis des Autors mit 15 Schuss aus der Großkaliberpistole im Kaliber .45 ACP, nach dem Vorgehen in diesem Taschenbuch

Pistole und Revolver schießen - S. Fock

Die Vorgehensweise und das Training zum besseren sportlichen Schießen, insbesondere mit der Großkaliberpistole, habe ich systematisch betrachtet und über einen längeren Zeitraum erprobt. Neuschützen konnten mit diesem Vorgehen zügig gute Ergebnisse erzielen und schnell Spaß am neuen Sport haben. Zusätzlich gibt es eine Kurzübersicht zum schnellen Wiederholen und zum Heraustrennen und Mitnehmen am Ende des Buches.

Wer die Hinweise in diesem Buch berücksichtigt, wird in der Lage sein, alle Pistolen und Revolver in den gängigen Kalibern wie beispielsweise 9 mm Luger, .45 Auto, .38 Spezial, .357 Magnum, .44 Magnum oder Kleinkaliber .22 L.R., mit guten Ergebnissen zu schießen.

Beim Präzisionsschießen und Duellschießen, mit maximal 400 erreichbaren Ringen einer Disziplin, sind durchaus 280 bis 320 Ringe zu erreichen. Mit regelmäßigem Training kann das Ergebnis dann weiter gesteigert werden.

Empfehlenswert und zur weiteren Leistungssteigerung notwendig sind Trainerstunden, um weitere Feinheiten bei der Schussabgabe zu optimieren.

Für wen ist dieses Taschenbuch?

Für Alle, die neu in das sportliche Großkaliberschießen einsteigen wollen, zur Ausbildung von Neuschützen oder zur Wiederholung, um kontinuierlich die Schießleistung zu verbessern.

Viel Erfolg beim Training!

SF.

! Tipp
Schießen lernt sich nur durch schießen.

Pistole und Revolver schießen - S. Fock

2. Aller Anfang...

Das sportliche Schießen mit der Großkaliberpistole ist eine der schwierigsten Disziplinen beim Schießen überhaupt, aber zum Glück keine Zauberei. Die Wettkampfentfernung von 25 Metern hört sich zunächst nicht allzu weit entfernt an. Doch es stehen nur ein äußerst kurzer Pistolenlauf und wenig Möglichkeiten des Festhaltens zur Verfügung, um diese Entfernung zu bewältigen.

Mit einigen grundlegenden Kenntnissen und regelmäßigem Training können dabei mit dem Präzisionsschuss erstaunliche Ergebnisse erzielt werden. Die Qualifizierung und erfolgreiche Teilnahme an einem Wettbewerb sind damit in unmittelbarer Reichweite.

Es gilt hierbei das ein oder andere zu beachten. Wer nicht als geborenes Naturtalent des Schießsports die Welt erblickte, und das hat praktisch niemand, wird mit der richtigen Technik und etwas Ausdauer sehr gute Ergebnisse erzielen. Der Schlüssel ist dabei, die Fertigkeiten nach einem Muster ständig zu wiederholen, bis sie automatisch ausgeführt werden. Da jeder Mensch anders reagiert, denkt und motorisch unterschiedlich ist, kann im Vorgehen variiert werden. Der hier vorgestellte Grundablauf wird aber in der Regel immer sehr gut passen.

Die folgenden Schritte des richtigen Vorgehens bauen aufeinander auf und können sukzessive durchlaufen werden.

Es macht dabei Sinn, zunächst mit den ersten Grundlagen zu beginnen und nach und nach sich das Feintuning der Schussabgabe anzueignen.

Am einfachsten geht es, das folgende Trainingsmuster durchzuarbeiten.

3. Das richtige Sportgerät

Welches die richtige Pistole oder der passende Revolver ist, das wird am besten praktisch ausprobiert. Es zeigt sich sehr schnell, mit welchem Sportgerät das richtige Gefühl entsteht, sich sicher bedienen lässt und zudem gute Ergebnisse erzielt werden.

Zum eigenen Sortieren hilft es sich zu fragen, welche Disziplinen in welchem Verband geschossen werden sollen. Auch das zur Verfügung stehende Budget gibt einen Rahmen vor.

Es ist meist die richtige Wahl, wenn die erste Waffe ein Modell vom Kaliber 9 mm Luger ist. In praktisch jedem Verband gibt es dazu eine Disziplin, der Preis ist bei vielen Modellen, auch für die Sportversionen, überschaubar und es gibt einen umfassenden Gebrauchtmarkt. Auch die laufenden Kosten für die Munition sind verhältnismäßig günstig.

Sportliche 9 mm Pistole mit Mikrometervisier

Revolver zum sportlichen schießen im Kaliber .357

Pistole und Revolver schießen - S. Fock

Das Schießen mit der Kleinkaliberpistole .22 L.R. bzw. 5,6 mm (Long Rifle oder .22 LfB - Lang für Büchse) ist die meist genutzte Variante bei sportlichen Wettkämpfen oder bei World-Cup- und Olympia-Schützen.
Seit einiger Zeit wird sie auch bei den dynamischen Wettkämpfen als Kleinkaliber-IPSC verwendet.

Das .22 L.R. Format macht Spaß, hat sehr wenig Rückschlag und ist günstig zu betreiben. Gebrauchte Sportwaffen sind für wenige Euro verfügbar (nach oben gibt es natürlich keine Grenze) und die Munition ist mit Abstand günstiger als vergleichbares Großkaliber.

Verfügbar sind Pistolen und Sportpistolen sowie Revolver.

Bei der Kleinkalibermunition handelt es sich um Randfeuermunition mit dem Zündsatz im Patronenrand.

! TIPP Das Kleinkaliber ist eine gute und günstige Möglichkeit für das Kurzwaffentraining

Sportpistole im Kaliber .22 L.R. oder in Deutschland auch Kleinkaliber genannt

Pistole und Revolver schießen - S. Fock

Folgende Fragestellungen zur richtigen Sportwaffe helfen zudem weiter:

- Ist das Gewicht der Waffe für mich in Ordnung?

  - Ist die Waffe zu schwer oder zu leicht?

- Kann ich die Waffe gut greifen?

  - Ist das Griffstück zu dünn, zu dick oder zu glatt?

- Ist der Abzug mit dem 1. Fingerglied des Abzugsfingers gut zu erreichen?

! **TIPP** Es macht also Sinn, zunächst die im Verein vorhandenen Waffen hinreichend auszuprobieren.

Meiner Erfahrung nach sind praktisch alle Schützen gern dazu bereit, ihre Erfahrungen zu teilen und auch mit der jeweils eigenen Waffe Probeschüsse zu ermöglichen. Also, einfach einmal fragen.

Pistole und Revolver schießen - S. Fock

4. Die Schussabgabe im Überblick
(Im Anhang als Seite zum Ausschneiden und Mitnehmen)

Stand

Fester Stand, parallel zum Ziel. Die Füße schulterbreit.

Oberkörper leicht vorgebeugt, kein Hohlkreuz machen.

Griff und Halten

Schusshand möglichst weit oben am Griff ansetzen.

Die Waffe fest greifen. Beim Revolver keine Finger vor den

Trommelschlitzen!

Möglichst viel Auflagekontakt zur Waffe.

Schusshand 1/3 und unterstützende Hand 2/3 der Haltekraft.

Schussarm stabil ausgestreckt.

Visieren

Mit der Waffe in das Ziel hineingehen.

Leicht über das Ziel (Fleck oder Aufgesetzt beachten) hinausgehen.

Ausatmen, Atem anhalten.

Langsam senken bis Halteraum (Fleck oder Aufgesetzt) erreicht ist.

Schussabgabe

Abzug mit 1. Fingerglied des Schussfingers, mittig.

Druckpunkt suchen.

Finger gerade zurück bewegen. Zugkraft leicht erhöhen bis der

Schuss bricht (unbewusste Schussabgabe).

Nach Schussabgabe Nachhalten (Waffe geht wieder ins Ziel).

Waffe senken, Muskeln entspannen.

© Siegfried Fock

5. Die Sicherheit am Schützenstand

Insbesondere für Neueinsteiger, die Wiederholung der wichtigsten Grundlagen im Umgang mit Pistolen und Revolvern auf dem Schießstand.

Bevor die Schießleistung optimiert wird, muss der Umgang mit der Waffe sicher und beherrscht sein.

- Eine Waffe gilt solange als geladen, bis der Ladezustand selbst überprüft wurde.

- Die Pistole wird nur am Schützenstand ausgepackt.

- Das Auspacken der Waffe erfolgt nur mit Erlaubnis der Aufsicht.

- Die Pistole wird immer in Richtung Geschossfang gehalten.

- Die Pistole wird in Richtung Geschossfang mit dem Verschluss offen abgelegt. Das rote Lauffrei-Fähnchen wird in den Lauf eingeschoben.

- Bei dem Kommando „Sicherheit" werden die Waffen nicht mehr berührt.

- Das Tragen eines Gehörschutzes (aktiv ist empfohlen) und einer Schutzbrille ist Voraussetzung für die Teilnahme am Schießen.

- Ebenso feste und geschlossene Schuhe (keine Sandalen, Klapperlatschen oder Ähnliches).

- Die Waffe wird erst geladen, wenn die Aufsicht das Laden frei gibt.

Pistole und Revolver schießen - S. Fock

- Die Waffe wird erst in den Anschlag gebracht bzw. geschossen, wenn die Aufsicht das Schießen frei gibt.

- Der Abzugsfinger berührt den Abzug erst unmittelbar vor Schussabgabe. Der Finger liegt ansonsten lang ausgestreckt über dem Abzug am Verschluss oder Griffstück.

- Eine Störung wird der Aufsicht durch Handzeichen angezeigt. Die Waffe bleibt ausgerichtet zum Geschossfang. Die Aufsicht entscheidet über das weitere Vorgehen.

- Eine geladene Waffe wird niemals aus der Hand gelegt.

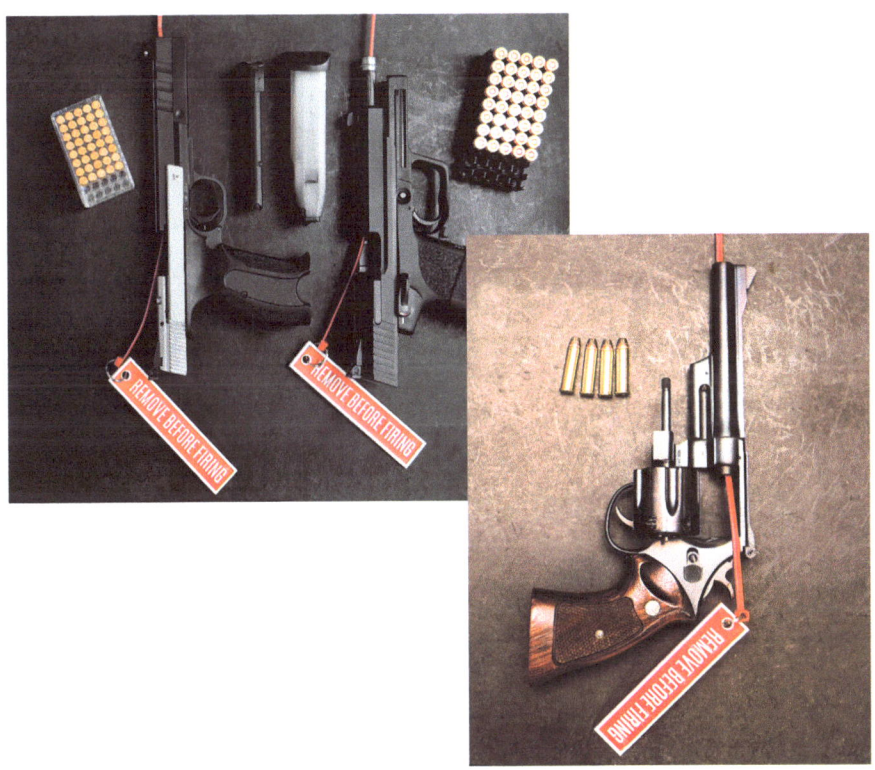

Die Pistole bzw. der Revolver wird in Richtung Geschossfang mit dem Verschluss oder der Trommel offen abgelegt. Das rote Lauffrei-Fähnchen wird in den Lauf eingeschoben.

Die Waffen sind nun sichtbar sicher abgelegt.

Pistole und Revolver schießen - S. Fock

5.1 Störung, Ladehemmung und Versager

Fehlfunktionen an Waffen bringen Einsteiger, unter Umständen hin und wieder auch erfahrenere Schützen, ins Schwitzen. Letztlich sind Waffen technische Geräte und diese können Störungen mit unterschiedlichen Ursachen haben.

Meistens handelt es sich um eine nicht gereinigte Waffe oder um eine fehlerhafte Patrone, welches die Störung verursacht. Seltener um einen wirklichen technischen Defekt, z.B. durch Verschleiß.

Als neuer Schütze empfiehlt es sich, sofort eine Störung mittels Handzeichen bei der Aufsicht anzuzeigen. Die Waffe bleibt dabei immer auf den Geschossfang gerichtet und wird, da ja geladen, niemals aus der Hand gelegt. Die Aufsicht weiß was zu machen ist und wird dem Schützen dabei helfen, die Waffe zu entstören oder sicher zu entladen.

Die Entstörung beginnt bei der Pistole mit dem Entfernen des Magazins aus der Waffe. Als nächster Schritt wird der Schlitten zurückgezogen und geprüft, ob sich noch eine Patrone im Patronenlager im Lauf befindet. Beim Zurückziehen des Schlittens wird oft bereits die verbliebene oder verklemmte Patrone ausgeworfen. Ist keine Patrone mehr im Patronenlager, ist die Waffe sicher und kann abgelegt werden.

Ladestörung bzw. Ladehemmung

Bei der Ladehemmung verklemmt eine Patrone oder Hülse in der Lademechanik. Ein rückstoßgetriebenes Nachladen kann dadurch nicht erfolgen. Diese Art der Störung kommt immer wieder einmal vor. Auslöser können fehlerhafte Patronen oder Verunreinigungen sein. Seltener treten Defekte an der Waffe auf.

Versager

Als Versager gelten Patronen, welche beim Abziehen der Waffe nicht zünden. Auch das kommt vor und erfordert die richtige Reihenfolge bei der Beseitigung der Störung. Ist der Abzug abgeschlagen und die Patrone zündet nicht, so ist zunächst eine Zeit lang abzuwarten. Es kann sein, dass die Patrone verspätet noch zündet. Die Waffe bleibt also in Richtung Geschossfang ausgerichtet. Anschließend die Waffe entladen und die fehlerhafte Patrone fachgerecht entsorgen. Meist gibt es auf dem Schießstand eine geeignete Patronenbox aus Stahl, extra gefertigt für nicht gezündete Munition.

6. Die Teile einer Kurzwaffe

Zum Umgang mit Kurzwaffen gehört die Kenntnis über die Funktionsteile einer Waffe. Diese Begriffe sollten auch hinreichend beherrscht werden, um im Rahmen der Ausbildung eine Fehlbedienung zu vermeiden.

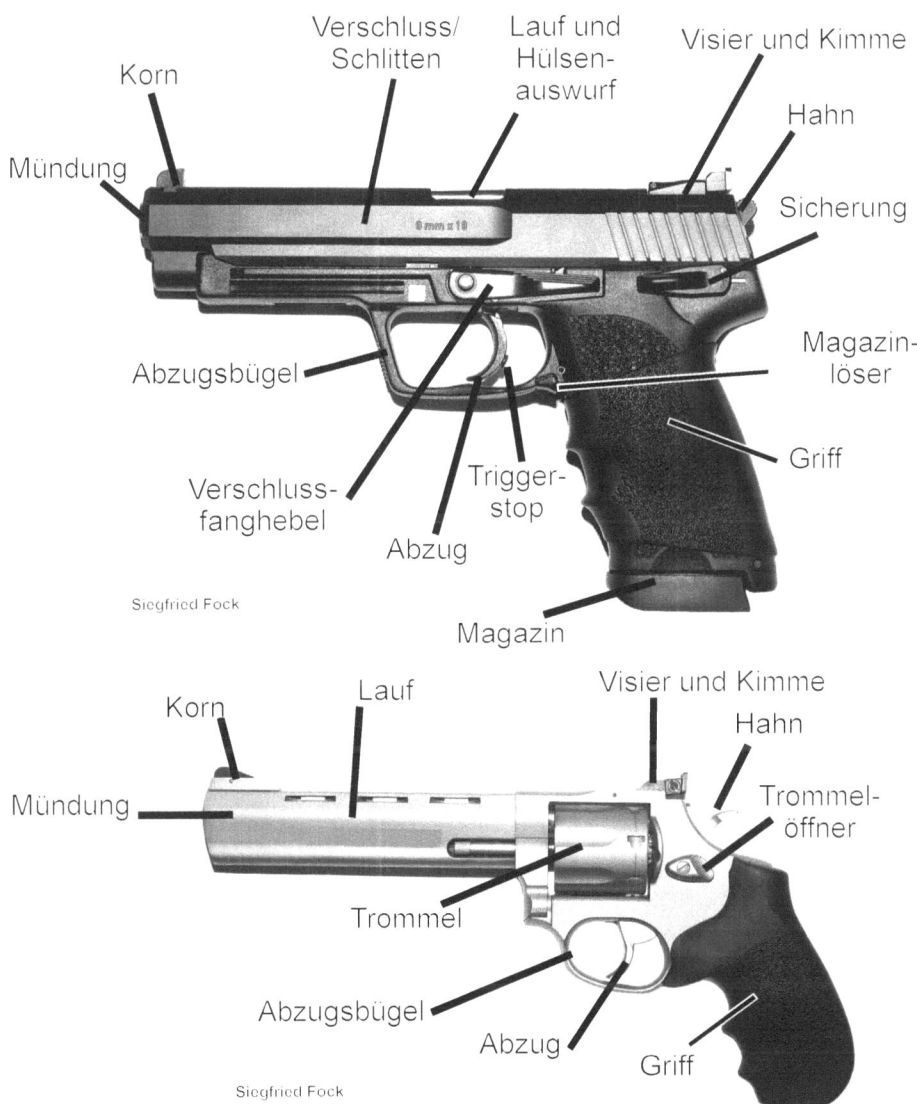

Pistole und Revolver schießen - S. Fock

7. In den Anschlag gehen

Die beidhändige Schussabgabe beginnt mit dem richtigen Stand. Dabei gilt es, einen bequemen und festen Stand umzusetzen.

Hierzu sind folgende Punkte zu beachten:

- Die Fußspitzen (1) sind in Richtung Ziel ausgerichtet.

- Die Füße (2) werden nebeneinander in Richtung Ziel gesetzt (parallel zum Ziel).

- Die Füße (3) werden schulterbreit voneinander aufgestellt.

- Die Knie (4) werden ganz leicht eingeknickt.

- Das Körpergewicht (5) wird auf beide Beine verteilt.

- Der Oberkörper (6) wird leicht vorgebeugt.

- Kein Hohlkreuz (7).

Pistole und Revolver schießen - S. Fock

8. Rechts oder links?

Idealerweise beginnen Rechts- bzw. Linkshänder mit ihrer jeweils starken Seite.

Rechtshänder:
Das bedeutet für Rechtshänder, **die Schusshand**, also die Hand mit welcher die Waffe gehalten wird, ist die rechte Hand.

Die linke Hand, **die unterstützende Hand**, wird um die rechte Hand von vorn herumgelegt.

Linkshänder:
Für Linkshänder erfolgt das Greifen jeweils entgegengesetzt.

Die Schusshand, also die Hand mit welcher die Waffe gehalten wird, ist die linke Hand.

Die rechte Hand, **die unterstützende Hand**, wird um die linke Hand von vorn herumgelegt.

9. Augen auf, Augen zu?

Gezielt wird mit dem Auge der **Schusshand**.

Also bei Rechtshändern das rechte Auge, bei Linkshändern das linke Auge.

Das nicht benötigte Auge kann zugekniffen werden. Beide Augen können beim Zielen auch offen bleiben, diese Technik benötigt meist etwas Übung.

> **! TIPP** Benutzen Sie immer eine Schutzbrille. Achten Sie auf eine gute Qualität, billige Gläser verzerren das Sehen und beeinträchtigen das Treffen negativ.

10. Die beidhändige Schussabgabe

Eine Großkaliberwaffe wird in der Regel mit beiden Händen gehalten. Aufgrund des Rückschlags und der besseren Treffergenauigkeit, kann nur dazu geraten werden.
Der Rückschlag ist bei bestimmten Waffentypen bzw. Munitionsarten nicht zu unterschätzen. Hierzu gehören beispielsweise bei der Pistole das Kaliber .45 ACP und beim Revolver die Kaliber .357 Magnum und .44 Magnum.

Bevor es ab Kapitel 11 zu der Grifftechnik der Waffe geht, ist ein wesentlicher Punkt die Körperspannung im Bereich der Arme. Diese Armspannung beeinflusst das Trefferergebnis ganz erheblich und ist deshalb sehr wichtig.

Hierzu wird mit der **Schusshand** (1) die Waffe am Griffstück aufgenommen und mit fest ausgestrecktem **Arm** (2) in Richtung Zielscheibe gehalten.

Die **unterstützende Hand** (3) wird von **vorn** um die **Schusshand** (1) herumgelegt und zurückgezogen.

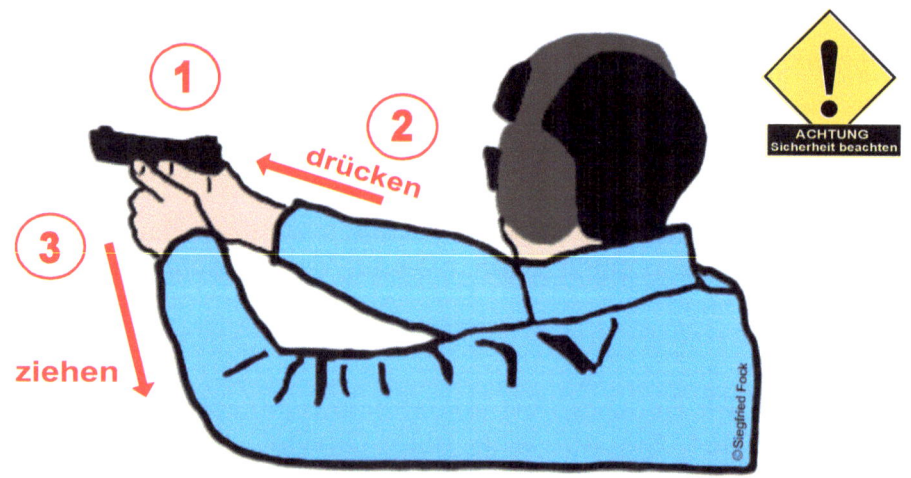

Wichtig für die Treffergenauigkeit.
Die Körperspannung im Bereich der Arme.

Pistole und Revolver schießen - S. Fock

11. Die Pistole richtig greifen

Die richtige Grifftechnik ist ein wesentlicher Schlüssel zum erfolgreichen Pistolenschießen.

Die folgende Vorgehensweise hat sich bewährt und ist weit verbreitet:

11.1 Die Pistole aufnehmen

Die Pistole wird beidhändig fest gegriffen, etwa so fest wie eine Zitrone gepresst wird.

Mit der Schusshand wird die Pistole aufgenommen.

Es wird mit der Schusshand hoch am Griffstück angesetzt.

! **TIPP** Möglichst viel Auflagekontakt zur Waffe ist sinnvoll.

Pistole und Revolver schießen - S. Fock

11.2 Die Daumen vorwärts

Die unterstützende Hand wird von <u>vorn</u> um das Griffstück über die Schusshand gelegt.

Die Schusshand erbringt 1/3 der Haltekraft und die unterstützende Hand 2/3 der Haltekraft.

Die Daumen werden in Schussrichtung am Griffstück unter den Verschluss bzw. Schlitten gelegt (Thumbs forward).

Es ist wichtig, die Daumen so zu legen, dass sie unter dem Schlitten liegen. Hierdurch wird eine eventuelle Verletzungsgefahr durch den sich schnell bewegenden Schlitten vermieden. Die Daumen berühren dabei das Griffstück, jedoch ohne Druck auszuüben. Es gibt auch Haltetechniken, bei denen die Daumen den Schlitten berühren. Für den Einstieg ist das aber nicht zu empfehlen.

Pistole und Revolver schießen - S. Fock

11.3 Der Abzugsfinger

Der Abzugsfinger berührt den Abzug erst unmittelbar vor der Schussabgabe.

Der Abzugsfinger wird bereits mit dem Aufnehmen der Pistole lang ausgestreckt über den Abzug am Verschluss oder Griffstück gelegt.

Das routinemäßige ausgestreckte Ablegen des Abzugsfingers wird von der Aufsicht sehr ernst genommen und muss unbedingt beachtet werden. Es ist eine <u>der</u> wesentlichen Sicherheits-maßnahmen, um eine ungewollte Schussabgabe bei scharfer Waffe zu verhindern.

Die unterstützende Hand greift von vorn um die Schusshand herum.

Der Zeigefinger der unterstützenden Hand liegt am Abzugsbügel an.

Pistole und Revolver schießen - S. Fock

11.4 So funktioniert es nicht

Immer wieder sehen wir die folgenden Grifftechniken im Kino, Fernsehen oder auch auf dem Schießstand. Es gibt dazu nur eines zu sagen, das funktioniert so nicht.

Es fehlt zum einen die nötige Stabilität beim Festhalten (wie in einem Schraubstock) oder die Pistole nickt beim Abzug nach unten und es erfolgt ein Tiefschuss.

Für das Präzisionsschießen wenig geeignet

Pistole und Revolver schießen - S. Fock

12. Den Revolver schießen

Auch für das Revolverschießen ist die richtige Grifftechnik ein Schlüssel zum Erfolg. Revolverschießen ist in der Handhabung allerdings unterschiedlich im Vergleich zur Pistole.

Bei falscher Handhabung besteht zudem eine Verletzungsgefahr. Wenn möglich, ist es zu empfehlen, sich in das Revolverschießen durch einen Übungsleiter einweisen zu lassen.

12.1 Den Revolver greifen

Der Revolver wird mit der Schusshand gegriffen.

Die unterstützende Hand wird von vorn um das Griffstück über die Schusshand gelegt.

Die Schusshand erbringt 1/3 und die unterstützende Hand 2/3 der Haltekraft.

 **Wichtig!! Die Daumen werden über Kreuz unterhalb und mit Abstand zu den Trommelschlitzen gelegt. Gespannt wird bei Single Action mit dem oben liegenden Daumen.**

Pistole und Revolver schießen - S. Fock

Der Abzugsfinger berührt den Abzug erst unmittelbar vor der Schussabgabe.

Der Abzugsfinger liegt ansonsten lang ausgestreckt über dem Abzug am Rahmen.

12.2 So funktioniert es nicht

Es dürfen keine Finger vor den Trommelschlitzen liegen, da bei Schussabgabe ein Feuerblitz austritt, welcher zu Verbrennungen oder schwereren Verletzungen an der Hand führt.

Keine gute Idee - Finger vor den Trommelschlitzen
Es besteht Verletzungsgefahr!!

Pistole und Revolver schießen - S. Fock

13. Beidhändig in den Anschlag gehen

Die bisher vorgestellten Techniken werden jetzt kombiniert und sind Voraussetzung für eine erfolgreiche Schussabgabe.

Ist die Waffe nun entsprechend den vorhergehenden Beispielen optimal gegriffen, so kann in den Anschlag zur Schussabgabe gegangen werden.

Die Waffe, der Arm und das Auge bilden dabei eine Linie.

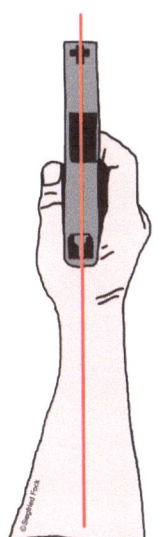

Die Schusshand und der Schussarm (1) werden stabil ausgestreckt.

Die unterstützende Hand (2) wird von vorn um die Schusshand gelegt und zurückgezogen.

(Siehe auch 10. beidhändige Schussabgabe).

Die Waffe ist nun maximal stabilisiert.

Eine Bewegungsmöglichkeit der Waffe nach links oder rechts, bzw. nach oben und unten, ist auf ein Minimum reduziert.

Der nächste Schritt ist die Erfassung des Zieles bzw. der Zielscheibe mit der offenen Visierung.

Pistole und Revolver schießen - S. Fock

14. Das Zielen mit der offenen Visierung

In der Regel wird mit einer offenen Visierung geschossen, also mit Kimme und Korn. Hier wird zwischen einer fest stehenden Visierung, Kimme und Korn sind nicht verstellbar, und einer einstellbaren Visierung, dem Mikrometervisier, unterschieden. Die fest stehende Visierung findet oft bei Dienstwaffen ihren Einsatz. Sportschützen hingegen bevorzugen meist die einstellbare Visierung mit dem Mikrometervisier.

Das korrekte Zielen über das Visier zeigt die nachfolgende Grafik „Korrektes Zielen mit offener Visierung".

Korrektes Zielen mit offener Visierung

© Siegfried Fock

Pistole und Revolver schießen - S. Fock

14.1 Der Haltepunkt

Ein weiterer wichtiger Punkt ist die Einstellung des Visiers bei der Nutzung eines Mikrometervisiers in Bezug auf den Haltepunkt auf der Zielscheibe. Wo ziele ich bei Schussabgabe genau hin?

Es haben sich hier zwei Einstellungen etabliert. Zum einen das „Aufgesetzte Zielen" und das „Fleck Zielen". Beim Ersten wird unter dem schwarzen Bereich angehalten, um einen höheren Kontrast zu haben. Die Unterschiede erklären die folgenden Grafiken genau. Es ist unverzichtbar zu wissen, wie das Visier der Pistole eingerichtet ist, da der Haltepunkt sich um einige Zentimeter unterscheidet und das Trefferbild verschiebt.

© Siegfried Fock

Aufgesetzte Visiereinstellung

Pistole und Revolver schießen - S. Fock

Meist wird für den sportlichen Wettbewerb das „Aufgesetzte Zielen" zum Präzisionsschießen genutzt und die „Fleck Einstellung", durch Umstellen des Visiers, für den Teil des „Duellschießens".

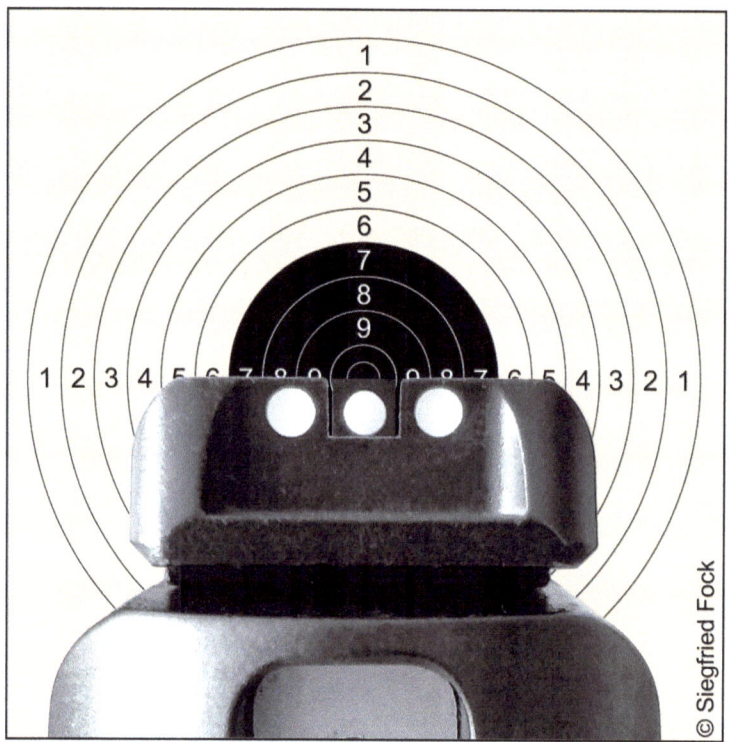

Fleck Visiereinstellung

Auch die Variante das Visier grundsätzlich in der „Fleck" Einstellung zu nutzen und nicht zwischen den Wettkampfteilen „Präzision" und „Duell" umzustellen, ist recht verbreitet.

Wirklich zu empfehlen ist das nach meiner Erfahrung nach aber nicht.

Ein sportliches Visier kann in der Höhe und Seite durch ein Klickraster verstellt werden. Hierzu wird mit einem Schraubendreher der Höhenunterschied, bzw. bei der Justierung auch der Seitenunterschied, auf die jeweilige Disziplin eingestellt. Meist sind nur wenige Klicks notwendig.

In der Bedienungsanleitung der jeweiligen Waffe wird die Visiereinstellung näher beschrieben.

Pistole und Revolver schießen - S. Fock

14.2 Scharf und unscharf

Beim Zielen ist es erforderlich, das Korn scharf zu sehen. Der Fokus liegt also auf dem Korn, die Kimme und die Zielscheibe sind hingegen unscharf.

Der weiße Punkt auf dem Korn dient als Hilfe zum schnelleren Erfassen des Korns durch Kontraststeigerung.

© Siegfried Fock

Blick durch die offene Visierung.
Der Fokus liegt auf dem Korn, Kimme und Ziel sind unscharf.
Der weiße Punkt dient als Blickfang für das Auge.

Pistole und Revolver schießen - S. Fock

15. Der Abzugsfinger und der Druckpunkt

Eine weitere Herausforderung ist das gerade Abziehen.

Der Abzug erfolgt mit der Mitte des 1. Fingerglieds des Abzugsfingers.

Der Finger wird zunächst soweit gerade zurück bewegt (Vorweg), bis ein leichter Druck am Abzug zu spüren ist, der Druckpunkt. Achtung, nicht alle Waffen haben einen Vorweg oder einen spürbaren Druckpunkt.

Ist der Druckpunkt gefunden, wird der Finger kontinuierlich gerade weiter zurück bewegt (die Zugkraft wird vorsichtig erhöht), bis der Schuss bricht.

Hierbei sprechen wir von einer unbewussten Schussabgabe.

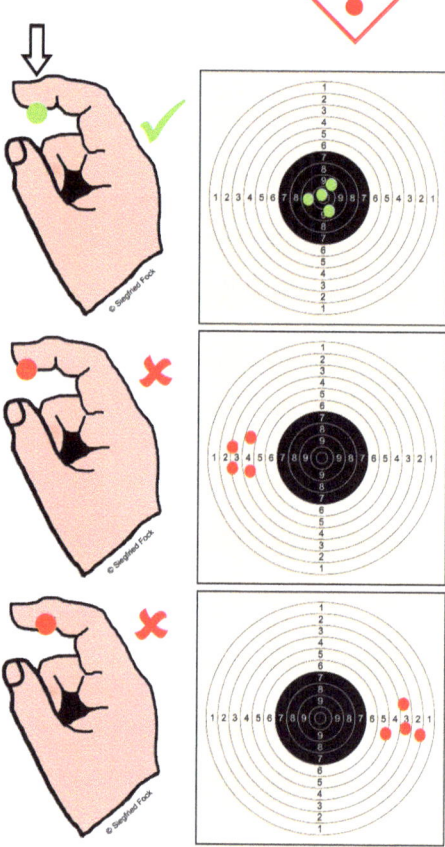

Die Technik am Abzugsfinger

! **TIPP** Wenn es Probleme beim Abziehen gibt, hilft folgender Trick. Während der Abzugsfinger sich zurück bewegt, zählen.

„Einundzwanzig, zweiundzwanzig....".

Der Schuss soll zwischen 22 und 25 brechen. Dauert es länger, absetzen und neu beginnen.

Pistole und Revolver schießen - S. Fock

Die Treffgenauigkeit bestimmt sich aus mehreren Faktoren. Das Abziehen, bzw. ein sportlicher oder sportlich überarbeiteter Abzug an der Waffe, gehört unbedingt dazu.

Das bedeutet, der Abzug kann mit weniger Kraft betätigt werden, das Verziehen wird reduziert.

Insbesondere beim Präzisionsschießen ist ein sportlicher Abzug ein wertvolles Hilfsmittel. Allerdings sind dem Abzugstuning durch die Sportordnungen Grenzen gesetzt. Eine Gebrauchspistole wird oft original mit einem Abzugsgewicht von 2000g - 3000g geliefert. Das Mindestabzugsgewicht beträgt bei einem Wettbewerb meist 1000g. Dieses wird zudem vor dem Wettkampf überprüft. Bei Unterschreitung erfolgt die Disqualifikation.

! TIPP Wer mit dem Abzugsgewicht nicht zufrieden ist, kann ein sog. Tuning-Kit in Betracht ziehen. Hierbei werden u.a. die Originalfedern durch weichere Federn ersetzt. Zudem kann die Abzugsmechanik überarbeitet werden, sodass sich der Reibungswiderstand vermindert.

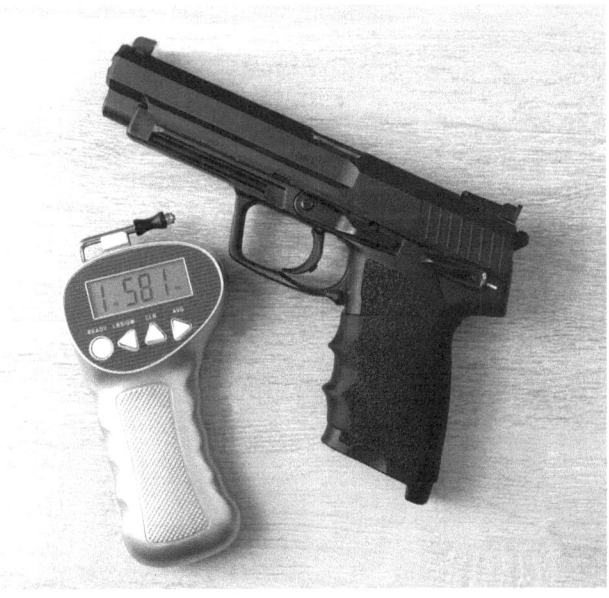

Die Sportversionen der Hersteller haben ein Tuning-Kit bereits eingebaut und erreichen ein deutliches reduziertes Abzugsgewicht

Pistole und Revolver schießen - S. Fock

16. Die Atemkontrolle

Um das Bild abzurunden und die Schussabgabe vollständig zu beschreiben, darf die Technik der Atmung nicht fehlen. Grundsätzlich ist die Atmung ein nicht zu unterschätzender Aspekt.

Bevor es zur Schussabgabe kommt wird normal geatmet. Diese Atmung sorgt dafür, dass der Körper ausreichend Sauerstoff sammelt. Dadurch ist sichergestellt, dass es während der Schussabgabe nicht zur Unterversorgung kommt.

Die Atmung

Der Körper benötigt ausreichend Sauerstoff, um das ruhige Zielen zu ermöglichen. Deshalb wird ein- oder zweimal kräftig durchgeatmet, um den Körper mit ausreichend Sauerstoff zu versorgen. Dann wird flach in den Bauch weiter geatmet.

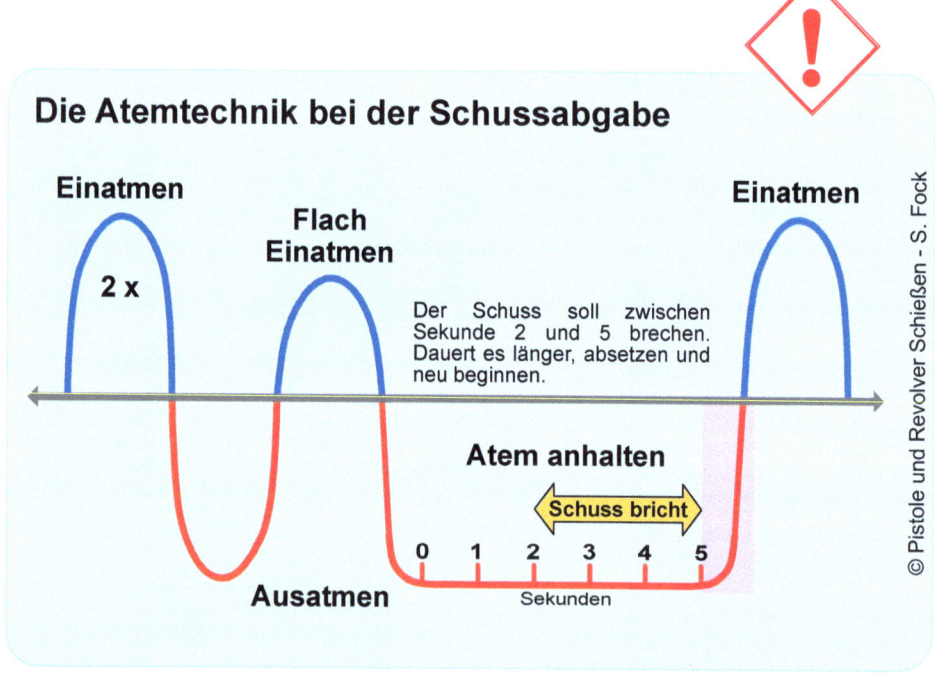

Pistole und Revolver schießen - S. Fock

Die Schussabgabe selbst erfolgt ohne Atmung.

Hierzu wird beim „In das Ziel gehen" ausgeatmet und bei Erreichen des Halteraumes das Atmen angehalten.

Durchlauf mit Atmungskontrolle

- Durchatmen.
- Pistole richtig greifen.
- Die Waffe ist schussbereit.
- Hineingehen in das Ziel.
- Leicht über das Ziel visieren („Fleck" oder „Aufgesetzt" beachten).
- Langsam die Waffe absenken und ausatmen, bis der Halteraum erreicht ist.
- Atmen aussetzen.
- Schussabgabe.
- Flach weiter atmen.
- Nach der Schussabgabe Nachhalten (Waffe geht wieder ins Ziel).
- Waffe senken, Muskeln entspannen.
- Neuer Schuss oder Treffer aufnehmen.

Pistole und Revolver schießen - S. Fock

17. Die Trefferbildanalyse

Woran könnte es liegen, dass die Treffer außerhalb des grünen Kreises sind? Einige Hinweise zu den möglichen Fehlerursachen habe ich hier zusammengestellt.

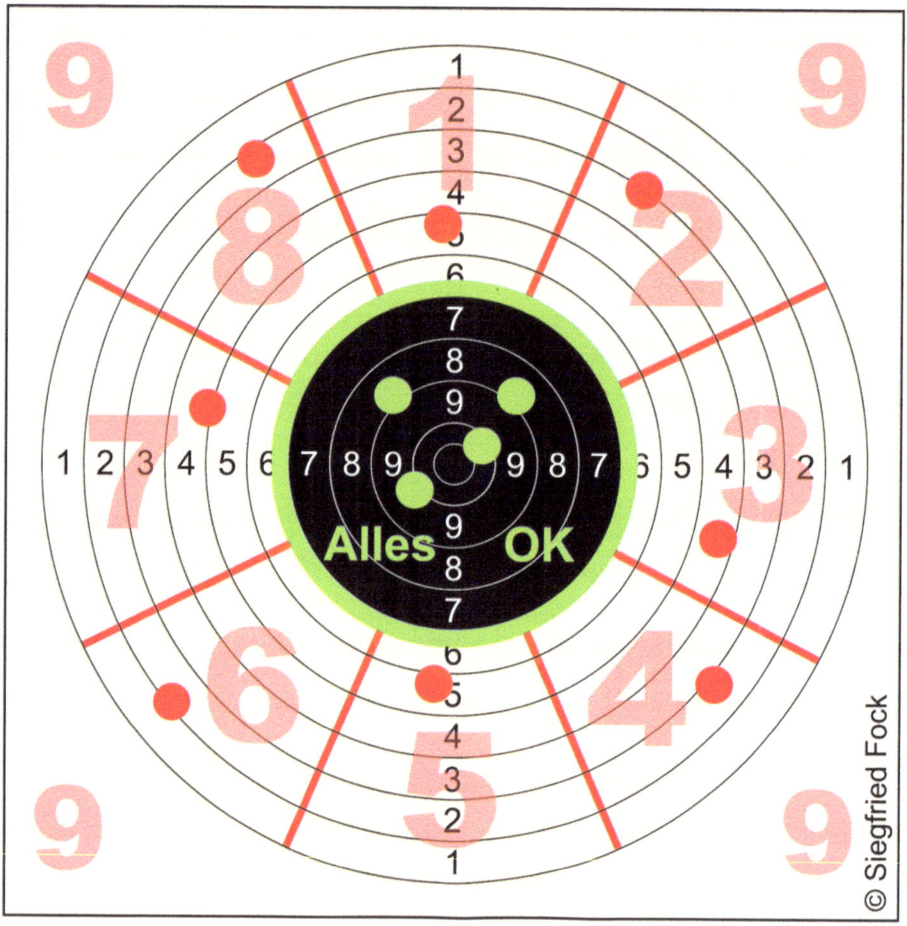

Trefferbildanalyse

! TIPP Die Schussabgabe war nicht zufriedenstellend?

Dann nicht darüber grübeln, sondern sich auf den nächsten Schuss konzentrieren. Ansonsten besteht die Gefahr, auch den folgenden Schuss nicht optimal abzugeben. Das Nachdenken und die Verbesserungsideen kommen später nach der Trefferaufnahme.

Pistole und Revolver schießen - S. Fock

Sektion 1 Atmen während des Zielvorgangs. Zurückziehen der Hand bei Schussabgabe; das Handgelenk knickt ein.

Sektion 2 Zu starker Ballendruck/Daumendruck gegen die Waffe. Verziehen der Hand während des Abziehens.

Sektion 3 Nachgeben im Handgelenk, Waffe zu locker gehalten. Zug am Abzugsfinger oder zu viel Druck vom Daumen der unterstützenden Hand.

Sektion 4 Rückschlag vorweggenommen. Abzugsfinger zieht nach links.

Sektion 5 Abknicken der Hand, Angst vor Rückschlag. Kein Nachhalten. Atmen während des Zielvorgangs.

Sektion 6 Abzug wird durchgerissen, schräges Abziehen (2. Fingerglied statt 1. Fingerglied).

Sektion 7 Der Abzugsfinger drückt die Waffe nach links. Griff eventuell zu dünn.

Sektion 8 Zurückziehen der Waffe bei Schussabgabe. Zu viel Druck des Abzugsfingers. Kein Nachhalten. Waffe liegt zu hoch in der Hand.

Sektion 9 Sehr gut, Sie haben die Scheibe getroffen! Jetzt dran bleiben.

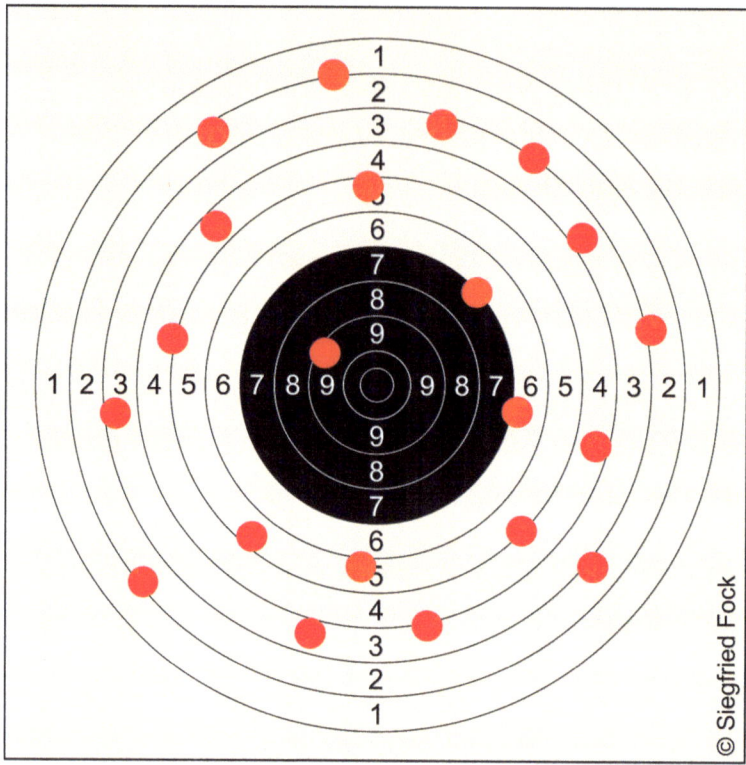

Verstreutes Trefferbild

Zeigt sich ein fein verstreutes Trefferbild, so kann über drei Punkte nachgedacht werden.

- Mit großer Wahrscheinlichkeit ist davon auszugehen, dass die Pistole nicht kräftig genug gehalten wird und deshalb schlägt. Genauer gesagt, die unterstützende Hand greift nicht optimal oder/und hält die Waffe nicht mit genug Kraft (siehe Kapitel „Die Grifftechnik").

- Die Arme sind nicht mit genug Kraft ausgestreckt und nicht stabil genug gehalten (Körperspannung). Die Waffe hat dadurch zu viel Bewegungsraum (siehe Kapitel „Die beidhändige Schussabgabe").

- Eine weitere Möglichkeit ist Unkonzentriertheit bzw. abschweifende Gedanken. Hier hilft nur eine Pause oder ein neuer Anlauf beim nächsten Trainingstag. Auch zählen beim Abzugsvorgang hilft, sich zu konzentrieren.

Pistole und Revolver schießen - S. Fock

18. Tipps und Tricks

Auge, führendes Auge

Grundsätzlich macht es Sinn, mit beiden Augen offen zu schießen. Es gelangt dadurch etwas mehr Restlicht auf die Netzhaut. Es geht natürlich auch anders, ausprobieren hilft.

Das führende Auge ist jenes, mit dem gezielt wird. Um zu überprüfen, ob ich mit dem führenden Auge Ziele und nicht mit dem Anderen, hilft ein kurzes Blinzeln mit dem nicht führenden Auge. Ich erkenne sofort, ob ich mit dem richtigen Auge ziele oder quer ziele und damit meine Linie Waffe-Arm-Auge nicht einhalte (und nicht treffe).

Trockentraining

Um Abzugsfehler weg zu trainieren ist ein sogenanntes Trockentraining hilfreich. Ich übe das Abziehen also zuhause mit einer nicht scharfen Pufferpatrone. Eine leere Patronenhülse kann zu diesem Zweck vorn auf den Verschluss gestellt werden. Löse ich den Abzug aus, so soll die leere Hülse nicht herunterfallen. Habe ich noch keine eigene Waffe, so geht diese Übung auch mit einer Schreckschusswaffe (PTB).

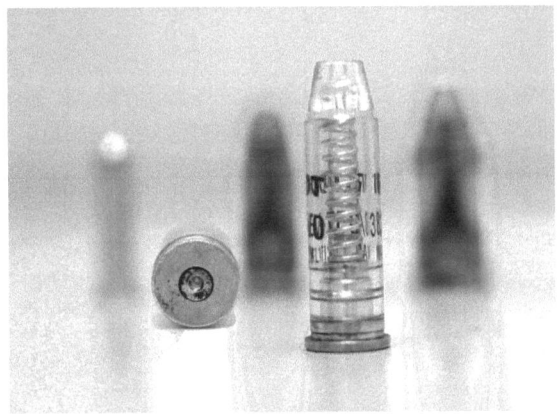

Trockentraining mit der Pufferpatrone
im Kaliber .357

Pistole und Revolver schießen - S. Fock

Neu auf dem Schießstand?
Was benötige ich für die erste Zeit?

Zwei Dinge sind absolut notwendig. Der Gehörschutz und eine Schutzbrille nach der Norm ECE, EN166.

Gehörschutz aktiv

Über die Nutzung eines Gehörschutzes gibt es nichts zu debattieren. Aber über den Einsatz eines aktiven Gehörschutzes durchaus. Dieser arbeitet elektronisch und regelt ab einer bestimmten Lautstärke den Gehörschutz zu. Der Vorteil insbesondere für Neueinsteiger ist, dass ich alle Kommandos der Aufsicht/Leitung sehr gut mitbekomme. Gerade am Anfang eine deutliche Erleichterung am Schützenstand.

Schutzbrille, Schutzbrille mit Einsatz

Eine Schutzbrille mit einem ausreichendem Härtegrad nach der Norm ECE, EN166 ist ein Muss. Achten Sie auf eine gute Qualität, billige Gläser verzerren das Sehen und beeinträchtigen das Treffen negativ. Es besteht immer die Möglichkeit, dass Kleinteile in Augenrichtung fliegen können. Für Brillenträger gibt es Schutzbrillen mit der Möglichkeit, einen Einsatz mit der benötigten Korrekturstärke einzusetzen. Eine enorme Verbesserung.

Auch eine sog. Überbrille ist eine gute Lösung für den Start. Diese wird über einer vorhandenen Brille getragen und erfüllt zunächst ihren Zweck.

Eine **Gleitsichtbrille** ist für das Schießen **NICHT** geeignet!

Irisblende

Eine weitere Möglichkeit der Sehkorrektur ist der Einsatz einer Irisblende. Diese wird an der Schutzbrille befestigt (z.B. mittels Saugnapf) und wird auf die benötige Sehschärfe durch Veränderung der Blende eingestellt.

Schießbuch

Auch ein Schießbuch ist von Beginn an sinnvoll. Dort werden alle Schießtermine eingetragen. Bei Beantragung einer eigenen Waffe können die Pflichttermine nachgewiesen werden.

Pistole und Revolver schießen - S. Fock

Munition und Treffgenauigkeit

Es gibt zahlreiche Kaliber für Kurzwaffen und dementsprechend viele verschiedene Munitionstypen mit unterschiedlichen Eigenschaften in Bezug auf die Ladung einer Patrone oder die Geschossform.

Nicht jede Patrone funktioniert gleich gut mit einer Pistole oder einem Revolver in Bezug auf die mechanischen Eigenschaften, der Ladung oder der Geschossform. Das führt dann unter Umständen zu Störungen bei der Schussabgabe oder im Extremfall zum Blockieren der Waffe.

Auch die Treffgenauigkeit kann durch die richtige Munitionsauswahl verbessert werden.

Es macht deshalb Sinn, Munition verschiedener Hersteller, mit unterschiedlichen Ladungen oder Geschossformen, auszuprobieren.

Munition zum Kurzwaffenschießen

1. Kleinkaliber .22 L.R. oder LfB - Lang für Büchse

2. 9x19 mm Großkaliber, auch 9x19 mm Luger genannt

3. .45 ACP Großkaliber

4. .357 Großkaliber für Revolver

Pistole und Revolver schießen - S. Fock

Schießdisziplinen

Für das sportliche schießen wird grundsätzlich eine Sportordnung benötigt. Jeder Schützenverband, beispielsweise der „Deutsche Schützenbund e.V. (DSB)", der „Bund Deutscher Sportschützen e.V." oder der „Bund der Militär- und Polizeischützen e.V.", besitzt eine Sportordnung (SpO), welche dem Bundesverwaltungsamt vorzulegen ist. In dieser SpO sind u.a. die Schießdisziplinen detailliert beschrieben und damit bildet die SpO die Grundlage für Wettkämpfe.

Eine Großkaliberdisziplin kurz vorgestellt:

Zugelassen sind Pistolen und Revolver in verschiedenen Klassen, wobei jede Klasse einen Wettbewerb bildet, z.B. 9x19 mm Luger, .45 Auto. oder Revolver .357. Das Abzugsgewicht beträgt mindestens 1000 g und die Magazin- bzw. Trommelkapazität umfasst mindestens fünf Patronen. Das Gewicht und die Dimensionen der Waffe sind zudem vorgegeben. Verwendet werden kann handelsübliche Munition (auch selbstgeladen), welche dem geforderten Mindestimpuls (MIP) entspricht. Der Anschlag erfolgt stehend freihändig, die Waffe darf mit zwei Händen gehalten werden.

Die Entfernung und das Ziel, bzw. die Scheibenentfernung, beträgt 25 Meter auf Dreh- oder Standscheiben.

Es werden 40 Schuss, bestehend aus zwei Durchgängen zu je 20 Schuss, abgegeben . Vier Serien à fünf Schuss in je 150 Sekunden – vier Serien à 5 Schuss in je 20 Sekunden. Fünf Probeschüsse zum Wettkampfstart sind zugelassen.

Pistole und Revolver schießen - S. Fock

19. Glossar

Anschlag
Die Waffe wird in Richtung Ziel schussbereit angesetzt.

Aufgesetzt zielen
Das Visier ist dahingehend eingerichtet, dass die Waffe unter dem schwarzen Kreis auf der Zielscheibe angehalten wird. Hierdurch wird eine Kontraststeigerung erreicht und ein besseres Trefferergebnis erzielt.

Double Action - DA oder DAO
Abzug einer Pistole oder eines Revolvers der nicht vorgespannt werden muss. Der Abzug wird betätigt (1. Vorgang) bis der Schuss sich löst (2. Vorgang). Auch in Kombination verfügbar Double Action/Single Action DA/SA oder als Double Action Only - DAO.

Duellschießen
Zweiter Teil einer Wettkampfdisziplin, z.B. für Großkaliberkurzwaffen mit einer Drehscheibenanlage. Es werden in diesem Fall insgesamt 20 Schüsse zu je 5 Schuss in je 20 Sekunden abgegeben. Die Scheiben klappen auf und drehen sich nach 20 Sekunden wieder weg.

Druckpunkt
Widerstand am Abzug unmittelbar vor Auslösung des Schusses.

Einzellader
Einzelladerwaffen besitzen kein Magazin und werden jeweils von Hand mit einer Patrone geladen.

Fleck
Das Zielen auf die Mitte der Zielscheibe.

Führendes Auge
Das Auge, mit dem gezielt wird.

Großkaliber
Waffenarten ab 9 mm Geschossdurchmesser.

Halbautomatische Pistole
Eine Pistole, welche nach Abgabe eines Schusses wieder schussbereit ist.

Irisblende
Einstellbare optische Zielhilfe zur Verbesserung des Scharfsehens.

Mikrometervisier
Einstellbares Visier, meist an Sportwaffen.

Mehrlader
Eine Waffe, in der mehrere Patronen geladen werden können, z.B. in ein Magazin oder eine Revolvertrommel.

Präzisionsschießen
Erster Teil einer Wettkampfdisziplin, z.B. für Großkaliberkurzwaffen mit einer Drehscheibenanlage. Es werden in diesem Fall insgesamt 20 Schüsse zu je 5 Schuss in je 150 Sekunden abgegeben. Die Scheiben klappen auf und drehen sich nach 150 Sekunden wieder weg.

Pufferpatrone
Ungeladene Übungspatrone für Funktionstests und Abzugsübungen. Bessere Pufferpatronen besitzen eine Federung in der Pufferpatrone, um den Schlagbolzen zu schonen.

Repetierwaffe
Repetierwaffen haben ein Magazin, aus dem durch eine Ladebewegung (dem Repetieren) eine Patrone zugeführt wird.

Schussfinger
Der Finger, mit dem der Abzug betätigt wird.

Schusshand
Die Hand, mit der die Waffe gehalten wird. Die zweite Hand ist die unterstützende Hand.

Selbstlader
Eine Waffe, welche nach Schussabgabe die Patronenhülse auswirft und eine neue Patrone aus dem Magazin oder der Revolvertrommel nachlädt.

Single Action - SA
Abzug einer Pistole oder eines Revolvers welcher vorgespannt werden muss. Der Hahn wird zuerst gespannt, danach wird der Abzug betätigt (ein Vorgang). Single Action ist aufgrund des geringeren Abzugsgewichts sehr gut für das Präzisionsschießen geeignet.
Auch in Kombination verfügbar, Double Action/Single Action DA/SA.

Triggerstop
Der Triggerstop, oder auch Abzugsstopp, ist eine kleine Einstellschraube am Abzug. Nach dem Überwinden des Druckpunktes verhindert der Triggerstop ein weiteres Durchziehen des Abzuges und ein mögliches Verreißen, während das Geschoss den Lauf passiert.

Trockentraining
Übungen ohne scharfe Munition mit der Pufferpatrone, um Abzugsfehler weg zu trainieren.

Unbewusste Schussabgabe
Um ein Verreißen beim Abziehen zu vermeiden, wird der Abzugsfinger langsam gleichmäßig zurück bewegt, bis der Schuss „bricht".

Vollautomatische Waffen
Waffen, welche so lange Schüsse abgeben, wie der Abzug betätigt wird. In Deutschland sind vollautomatische Waffen nur für die Bundeswehr oder Behörden zugelassen.

Anhang

Die Schussabgabe im Überblick.

(Zum Ausschneiden und Mitnehmen)

Stand

Fester Stand, parallel zum Ziel. Die Füße schulterbreit.

Oberkörper leicht vorgebeugt, kein Hohlkreuz machen.

Griff und Halten

Schusshand möglichst weit oben am Griff ansetzen.

Die Waffe fest greifen. Beim Revolver keine Finger vor den

Trommelschlitzen!

Möglichst viel Auflagekontakt zur Waffe.

Schusshand 1/3 und unterstützende Hand 2/3 der Haltekraft.

Schussarm stabil ausgestreckt.

Visieren

Mit der Waffe in das Ziel hineingehen.

Leicht über das Ziel (Fleck oder Aufgesetzt beachten) hinausgehen.

Ausatmen, Atem anhalten.

Langsam senken bis Halteraum (Fleck oder Aufgesetzt) erreicht ist.

Schussabgabe

Abzug mit 1. Fingerglied des Schussfingers, mittig.

Druckpunkt suchen.

Finger gerade zurück bewegen. Zugkraft leicht erhöhen bis der

Schuss bricht (unbewusste Schussabgabe).

Nach Schussabgabe Nachhalten (Waffe geht wieder ins Ziel).

Waffe senken, Muskeln entspannen.   © Siegfried Fock

Pistole und Revolver schießen - S. Fock